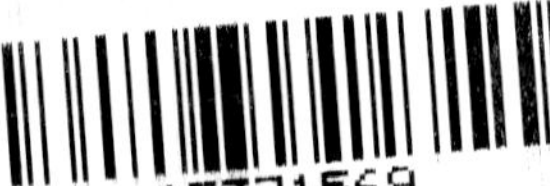
AF371569